AF221666

Impressum
Verlag: BABADADA GmbH, Nedderfeld 112 , 22529 Hamburg
Geschäftsführer / Verlagsleitung: Harald Hof
Druck: Books on Demand GmbH, In de Tarpen 42, 22848 Norderstedt

Imprint
Publisher: BABADADA GmbH, Nedderfeld 112 , 22529 Hamburg, Germany
Managing Director / Publishing direction: Harald Hof
Print: Books on Demand GmbH, In de Tarpen 42, 22848 Norderstedt, Germany

училище

Szkoła

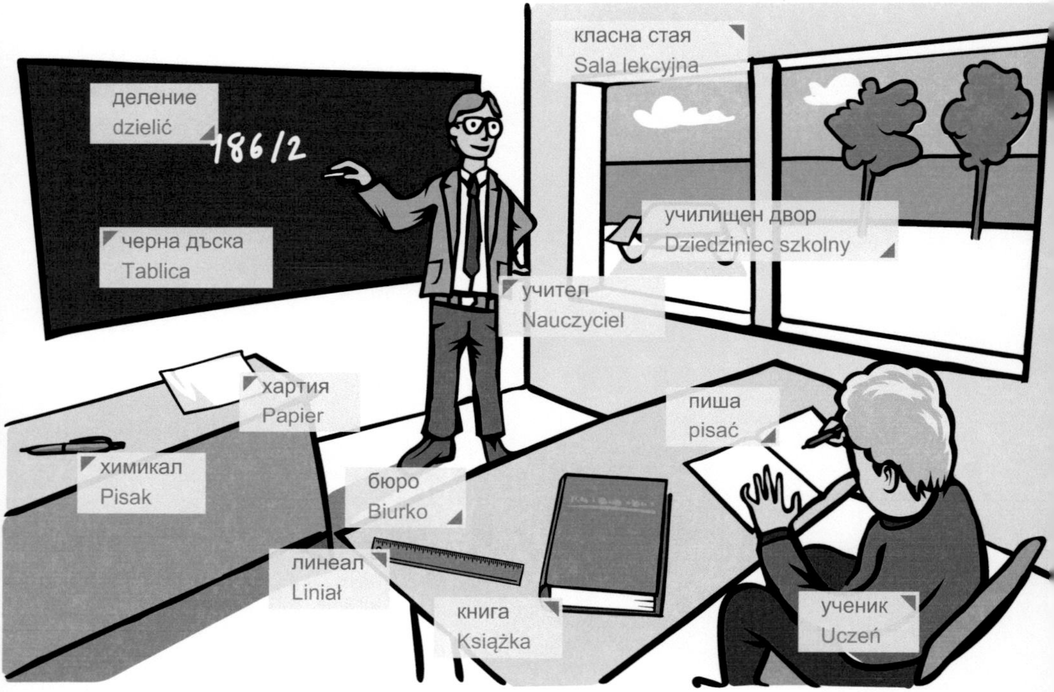

класна стая
Sala lekcyjna
деление
dzielić
186/2
черна дъска
Tablica
училищен двор
Dziedziniec szkolny
учител
Nauczyciel
хартия
Papier
пиша
pisać
химикал
Pisak
бюро
Biurko
линеал
Liniał
книга
Książka
ученик
Uczeń

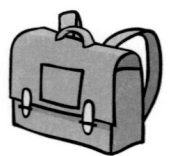

ученическа раница

Plecak szkolny

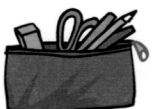

ученически несесер

Piórnik

молив

Ołówek

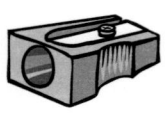

острилка за моливи

Temperówka

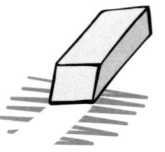

гума

Gumka do mazania

блок за рисуване

Blok rysunkowy

рисунка

Rysunek

четка

Pędzel

акварелни бои

Pudełko z akwarelami

ножица

Nożyce

лепило

Klej

тетрадка за упражнения

Książka do ćwiczenia

домашна работа

Zadanie domowe

число

Liczba

събиране

dodawać

изваждане

odejmować

умножение

mnożyć

смятане

liczyć

буква

Litera

азбука

Alfabet

дума

Słowo

текст

Tekst

чета

czytać

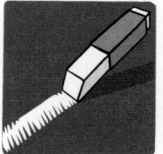

тебешир

Kreda

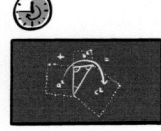

час

Godzina

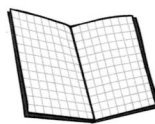

дневник на класа

Dziennik lekcyjny

изпит

Egzamin

свидетелство

Świadectwo

ученическа униформа

Mundurek szkolny

образование

Wykształcenie

справочник

Leksykon

университет

Uniwersytet

микроскоп

Mikroskop

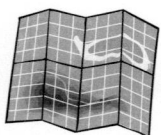

карта

Mapa

кошче за хартиени отпадъци

Kosz na odpadki

хотел
Hotel

Grand

хостел
Schronisko

ROOMS

обменно бюро
Kantor wymiany walut

EXCHANGE

куфар
Walizka

кола
Auto

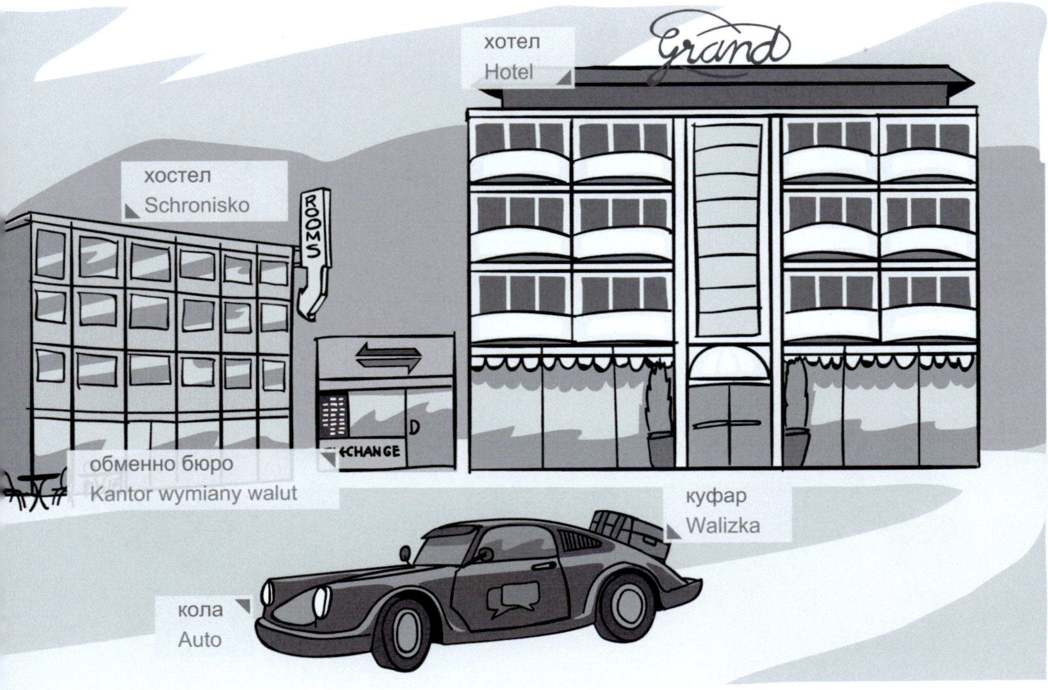

език

Język

да / не

tak / nie

Окей

OK

здравей

Halo

преводач

Tłumacz

Благодаря

Dziękuję

Колко струва…?

Ile kosztuje ...?

Не разбирам

Nie rozumiem

проблем

Problem

Добър вечер!

Dobry wieczór!

Добро утро!

Dzień dobry!

Лека нощ!

Dobranoc!

довиждане

Do widzenia

посока

Kierunek

багаж

Bagaż

пътна чанта

Torba

раница

Plecak

посетител

Gość

стая

Pokój

спален чувал

Śpiwór

палатка

Namiot

туристическа информация

Informacja turystyczna

плаж

Plaża

кредитна карта

Karta kredytowa

закуска

Śniadanie

обед

Obiad

вечеря

Kolacja

билет

Bilet

асансьор

Winda

пощенска марка

Znaczek na list

граница

Granica

митница

Cło

посолство

Ambasada

виза

Wiza

паспорт

Paszport

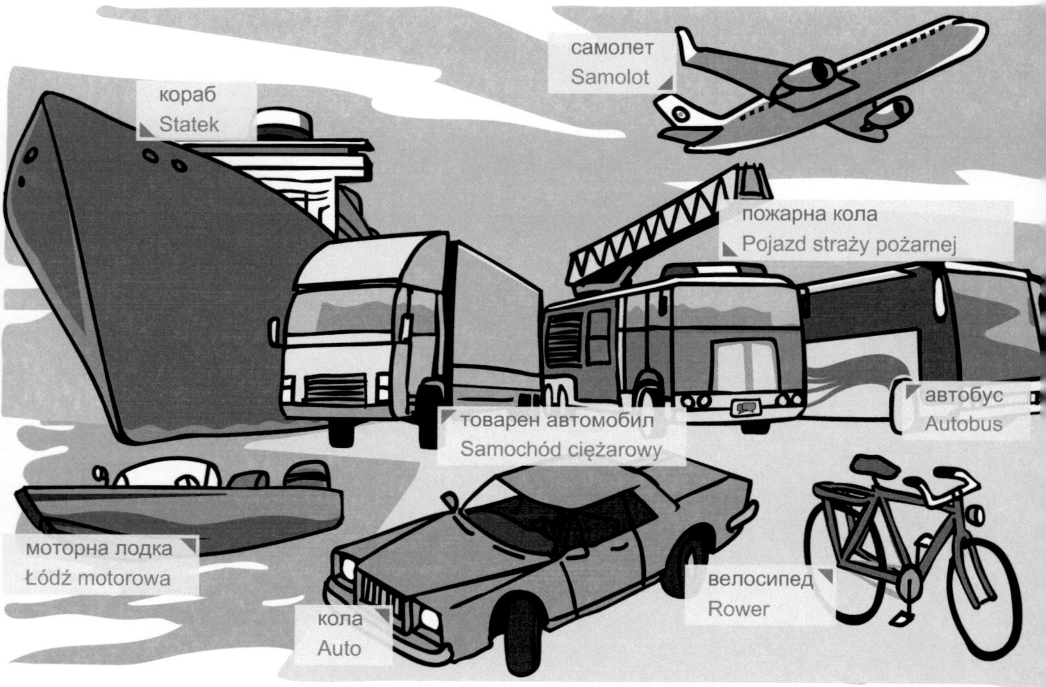

кораб
Statek

самолет
Samolot

пожарна кола
Pojazd straży pożarnej

товарен автомобил
Samochód ciężarowy

автобус
Autobus

моторна лодка
Łódź motorowa

велосипед
Rower

кола
Auto

ферибот

Prom

лодка

Łódź

мотоциклет

Motocykl

полицейска кола

Radiowóz policyjny

състезателна кола

Samochód wyścigowy

кола под наем

Samochód wypożyczony

каршеринг

Wspólne przejazdy samochodem

автомобил от "Пътна помощ"

Samochód pomocy drogowej

сметовоз

Śmieciarka

двигател

Silnik

бензин

Benzyna

бензиностанция

Stacja benzynowa

пътен знак

Znak drogowy

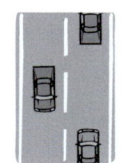

улично движение

Ruch

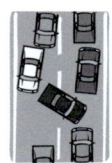

задръстване

Korek

паркинг

Parking

гара

Dworzec

релси

Szyny

влак

Pociąg

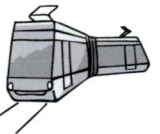

трамвай

Tramwaj

вагон

Wagon

хеликоптер

Helikopter

аерогара

Lotnisko

кула

Wieża

пасажер

Pasażer

контейнер

Kontener

кашон

Karton

ръчна количка

Taczka

кошница

Kosz

излитам / приземявам се

startować / lądować

град

Miasto

село

Wieś

градски център

Centrum miasta

къща

Dom

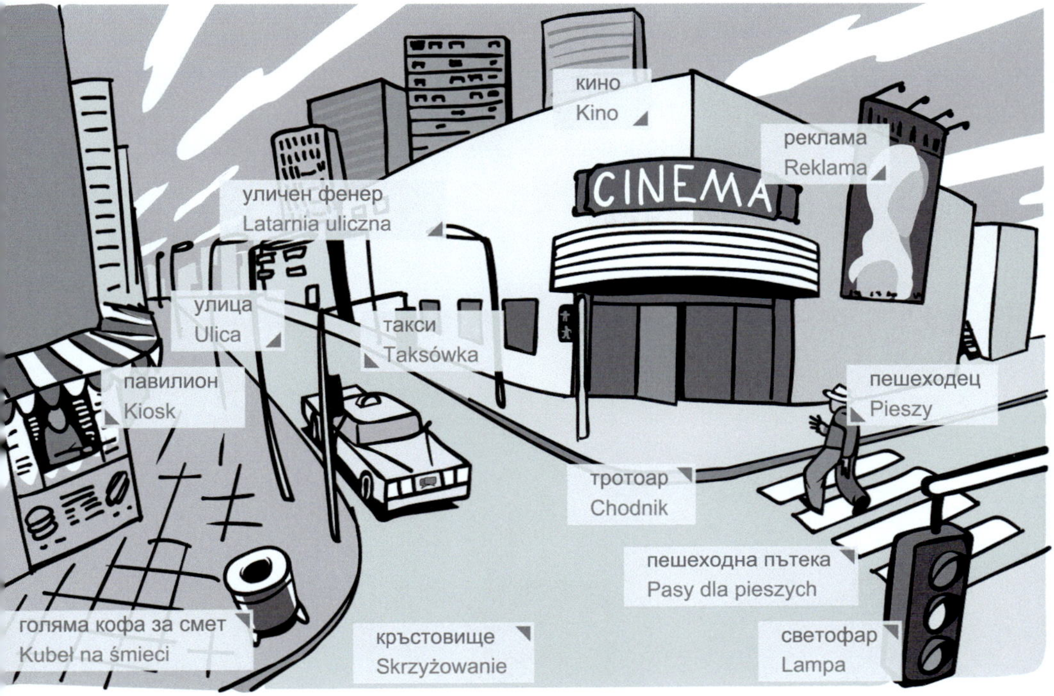

кино
Kino

реклама
Reklama

уличен фенер
Latarnia uliczna

улица
Ulica

такси
Taksówka

пешеходец
Pieszy

павилион
Kiosk

тротоар
Chodnik

пешеходна пътека
Pasy dla pieszych

голяма кофа за смет
Kubeł na śmieci

кръстовище
Skrzyżowanie

светофар
Lampa

хижа

Chata

жилище

Mieszkanie

гара

Dworzec

кметство

Ratusz

музей

Muzeum

училище

Szkoła

град - Miasto

университет

Uniwersytet

банка

Bank

болница

Szpital

хотел

Hotel

аптека

Apteka

офис

Biuro

книжарница

Księgarnia

магазин за цветя

Sklep

магазин за цветя

Kwiaciarnia

супермаркет

Supermarket

пазар

Rynek

универсален магазин

Dom towarowy

търговец на риба

Sklep z rybami

търговски център

Centrum handlowe

пристанище

Port

парк

Park

пейка

Ławka

мост

Most

стълба

Schody

метро

Metro

тунел

Tunel

автобусна спирка

Przystanek autobusowy

бар

Bar

ресторант

Restauracja

пощенска кутия

Skrzynka na listy

улична табелка

Tabliczka z nazwą ulicy

часовник за паркинг престой

Parkometr

зоологическа градина

Zoo

плувен басейн

Łaźnia

джамия

Meczet

селски двор

Gospodarstwo chłopskie

замърсяване на околната среда

Zanieczyszczenie środowiska

гробище

Cmentarz

църква

Kościół

детска площадка

Plac zabaw

храм

Świątynia

пейзаж

Krajobraz

листо
Liść

пътепоказател
Drogowskaz

път
Droga

ливада
Łąka

камък
Kamień

дърво
Drzewo

пътешественик
Wędrowiec

река
Rzeka

трева
Trawa

цвете
Kwiat

долина

Dolina

планина

Góra

море

Jezioro

гора

Las

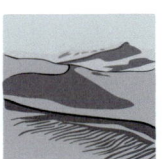

пустиня

Pustynia

вулкан

Wulkan

замък

Zamek

дъга

Tęcza

гъба

Grzyb

палма

Palma

комар

Komar

муха

Mucha

мравка

Mrówka

пчела

Pszczoła

паяк

Pająk

бръмбар

Chrząszcz

жаба

Żaba

катеричка

Wiewiórka

таралеж

Jeż

заек

Zając

кукумявка

Sowa

птица

Ptak

лебед

Łabędź

диво прасе

Dzik

елен

Jeleń

лос

Łoś

бент

Tama

вятърна турбина

Wiatrak

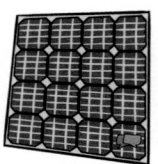

соларен модул

Moduł solarny

климат

Klimat

ресторант
Restauracja

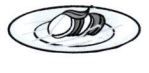

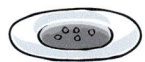

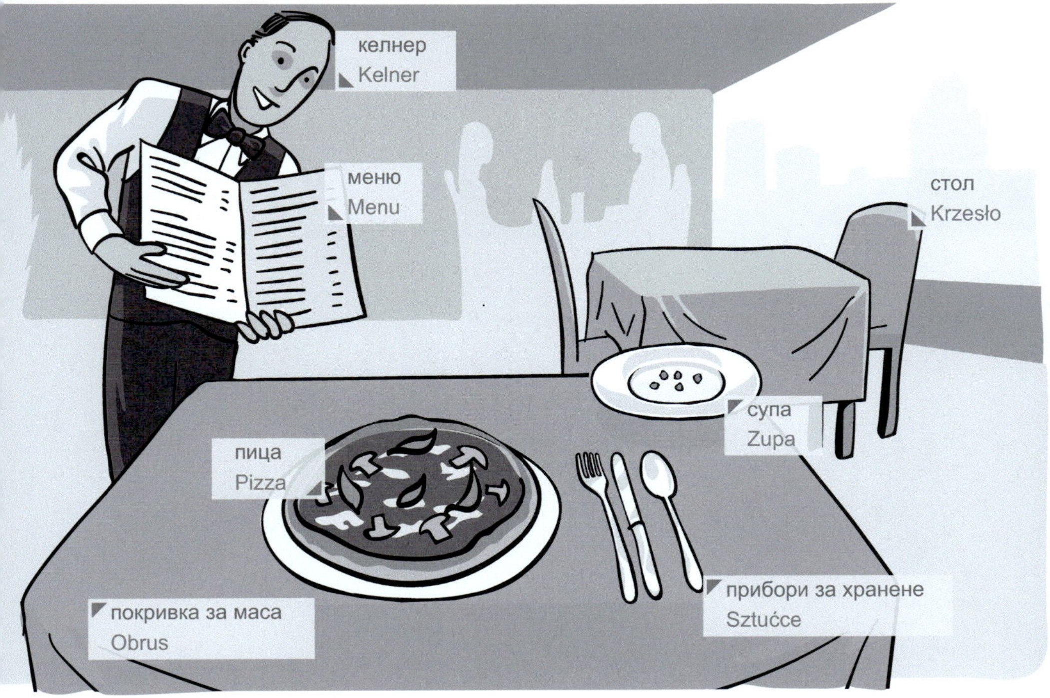
келнер
Kelner
меню
Menu
стол
Krzesło
супа
Zupa
пица
Pizza
прибори за хранене
Sztućce
покривка за маса
Obrus

предястие

Przystawka

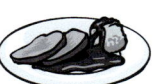

основно ястие

Danie główne

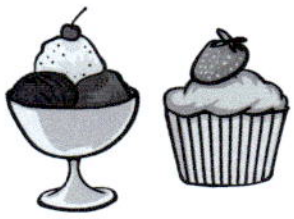

десерт

Deser

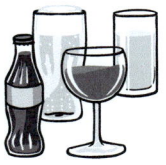

напитки

Napoje

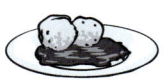

ядене

Jedzenie

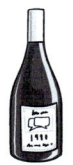

бутилка

Butelka

бързо хранене

Fastfood

улична храна

Streetfood

кана за чай

Dzbanek na herbatę

кутия за захар

Cukierniczka

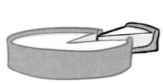

порция

Porcja

еспресо машина

Zaparzarka do espresso

висок детски стол

Krzesło dla dziecka

сметка

Rachunek

табла

Taca

ножица за нокти

Nóż

вилица

Widelec

лъжица

Łyżka

чаена лъжичка

Łyżeczka

салфетка

Serwetka

стъклена чаша

Szklanka

чиния

Talerz

чиния за супа

Talerz do zupy

чинийка

Podstawek pod filiżankę

сос

Sos

солница

Solniczka

мелничка за черен пипер

Młynek do pieprzu

оцет

Ocet

олио

Olej

подправки

Przyprawy

кетчуп

Keczup

горчица

Musztarda

майонеза

Majonez

супермаркет
Supermarket

оферта
Oferta
FOR
клиент
Klient
млечни продукти
Produkty mleczne
плодове
Owoce
количка за покупки
Wózek sklepowy

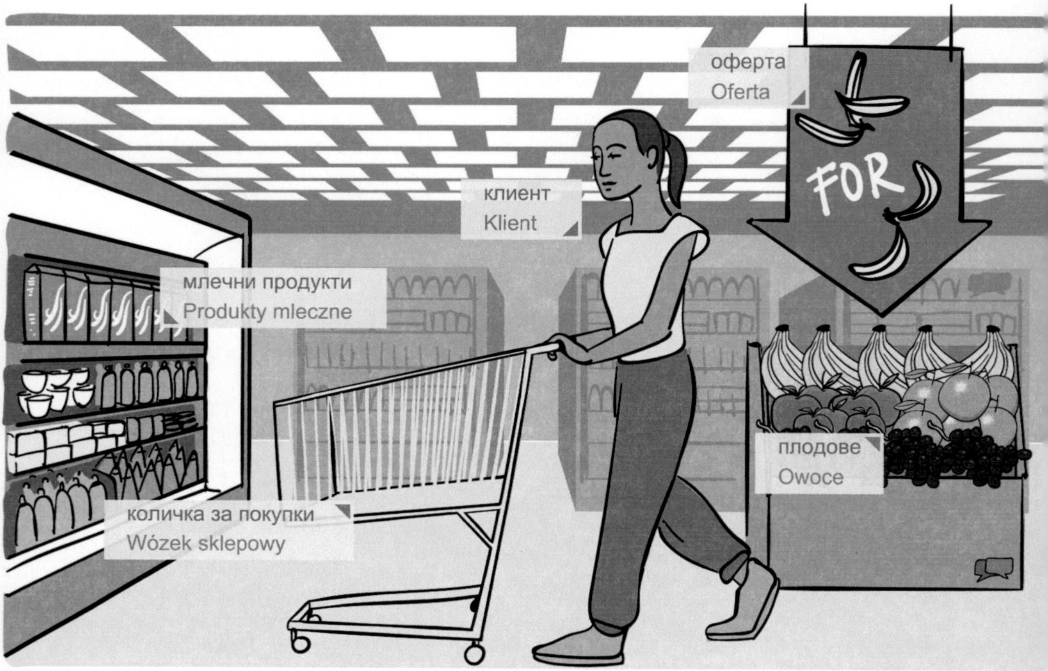

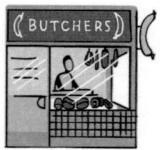

BUTCHERS

кланица

Rzeźnia

BAKERY

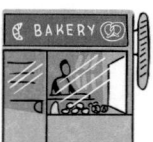

хлебарница

Piekarnia

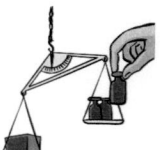

тегля

ważyć

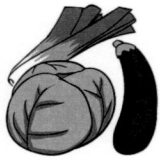

зеленчуци

Warzywa

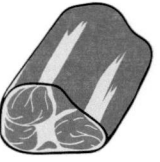

месо

Mięso

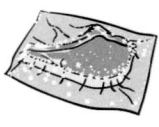

дълбоко замразена храна

Mrożonki

нарязан колбас или
сирене
Wędliny

консерви

Konserwy

перилен препарат

Proszek m do prania

лакомства

Słodycze

домакински изделия

Artykuły użytku domowego

почистващи препарати

Środek czyszczący

продавачка

Sprzedawczyni

каса

Kasa

касиер

Kasjer

списък на покупките

Lista zakupów

работно време

Godziny otwarcia

портфейл

Portfel

кредитна карта

Karta kredytowa

чанта

Torba

пластмасова торба

Torebka plastikowa

вода

Woda

сок

Sok

мляко

Mleko

кола

Cola

вино

Wino

бира

Piwo

алкохол

Alkohol

какао

Kakao

чай

Herbata

кафе машина

Kawa

еспресо

Espresso

капучино

Cappuccino

банан

Banan

ябълка

Jabłko

портокал

Pomarańcza

пъпеш

Arbuz

лимон

Cytryna

морков

Marchew

чесън

Czosnek

бамбук

Bambus

лук

Cebula

гъба

Grzyb

ядки

Orzechy

макарони

Makaron

спагети

Spaghetti

ориз

Ryż

салата

Sałatka

пържени картофи

Frytki

печени картофи

Ziemniaki pieczone

пица

Pizza

хамбургер

Hamburger

сандвич

Kanapka

шницел

Sznycel

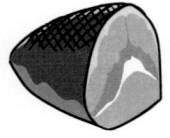

шунка

Szynka

траен колбас

Salami

салам

Kiełbasa

пиле

Kura

печено

Pieczeń

риба

Ryba

овесени ядки

Płatki owsiane

мюсли

Musli

корнфлейкс

Płatki kukurydziane

брашно

Mąka

кроасан

Croissant

хлебчета

Bułka

хляб

Chleb

препечена филийка

Toast

бисквити

Ciastka

масло

Masło

извара

Twarożek

сладкиш

Ciasto

яйце

Jajko

яйца на очи

Jajko sadzone

сирене

Ser

сладолед

Lody

захар

Cukier

мед

Miód

мармалад

Marmolada

нуга крем

Krem nugatowy

къри

Curry

селски двор
Gospodarstwo chłopskie

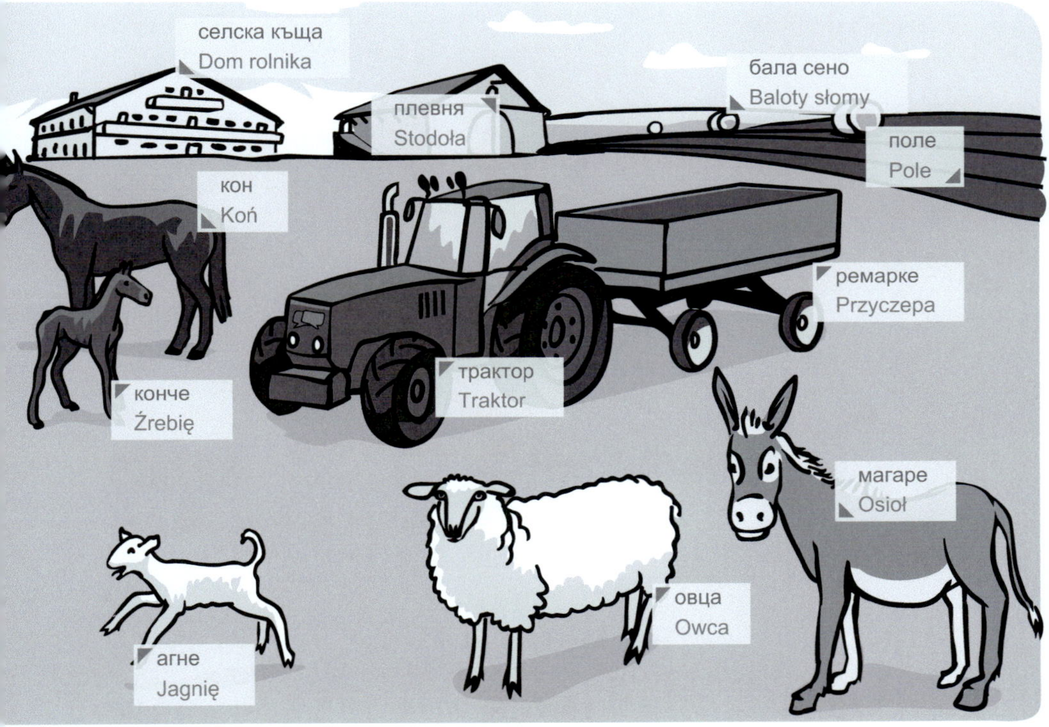

селска къща
Dom rolnika
плевня
Stodoła
бала сено
Baloty słomy
поле
Pole
кон
Koń
ремарке
Przyczepa
конче
Źrebię
трактор
Traktor
магаре
Osioł
овца
Owca
агне
Jagnię

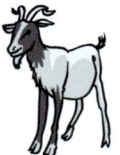

коза

Koza

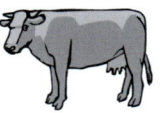

крава

Krowa

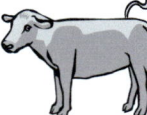

теле

Cielę

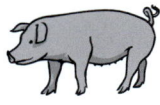

свиня

Świnia

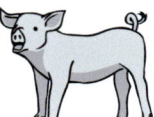

прасенце

Prosię

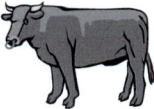

бик

Byk

гъска

Gęś

патица

Kaczka

пиленце

Kurczątko

кокошка

Kura

петел

Kogut

плъх

Szczur

котка

Kot

мишка

Mysz

вол

Osioł

куче

Pies

кучешка колиба

Buda dla psa

градински маркуч

Wąż ogrodowy

лейка

Konewka

коса

Kosa

плуг

Pług

сърп

Sierp

мотика

Graca

вила за тор

Widły

брадва

Siekiera

ръчна количка

Taczka

корито

Koryto

съд за мляко

Kanka na mleko

чувал

Worek

ограда

Płot

обор

Stajnia

парник

Szklarnia

земя

Ziemia

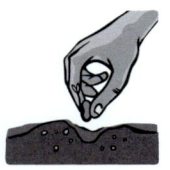

сеитба

Nasiona

тор

Nawóz

комбайн

Kombajn zbożowy

жъна

zbierać

реколта

Żniwa

ямс

Podchrzyn

жито

Pszenica

соя

Soja

картоф

Ziemniak

царевица

Kukurydza

рапица

Rzepak

овощно дърво

Drzewo owocowe

маниока

Maniok

зърнени храни

Zboże

къща

Dom

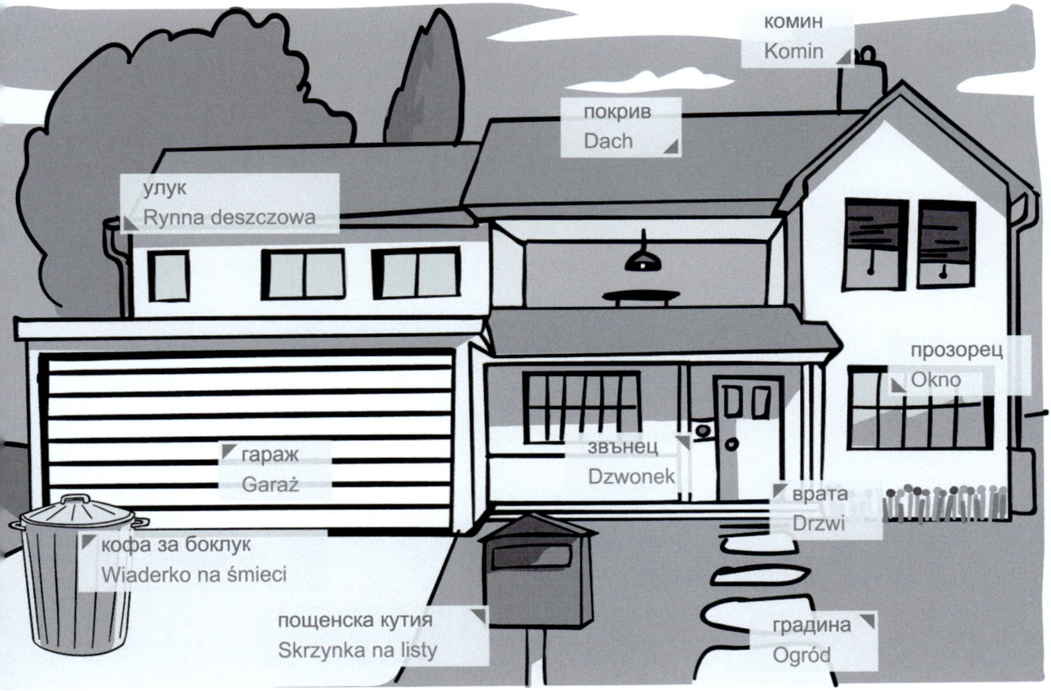

комин
Komin
покрив
Dach
улук
Rynna deszczowa
прозорец
Okno
гараж
Garaż
звънец
Dzwonek
врата
Drzwi
кофа за боклук
Wiaderko na śmieci
пощенска кутия
Skrzynka na listy
градина
Ogród

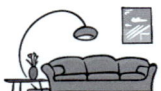

всекидневна

Pokój dzienny

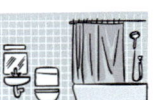

баня

Łazienka

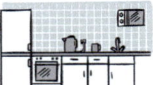

кухня

Kuchnia

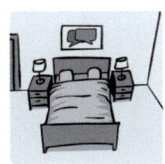

спалня

Sypialnia

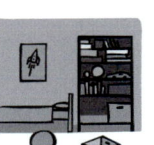

детска стая

Pokój dziecięcy

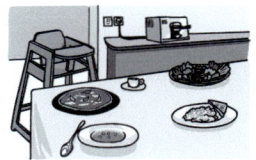

трапезария

Jadalnia

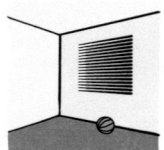

под

Ziemia

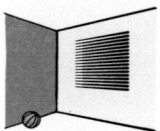

стена

Ściana

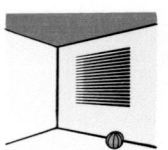

таван

Koc

изба

Piwnica

сауна

Sauna

балкон

Balkon

тераса

Taras

плувен басейн

Basen

косачка

Kosiarka do trawy

спално бельо

Poszwa

покривка за легло

Kołdra

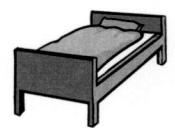

легло

Łóżko

метла

Miotła

кофа

Wiadro

електрически ключ

Włącznik

всекидневна
Pokój dzienny

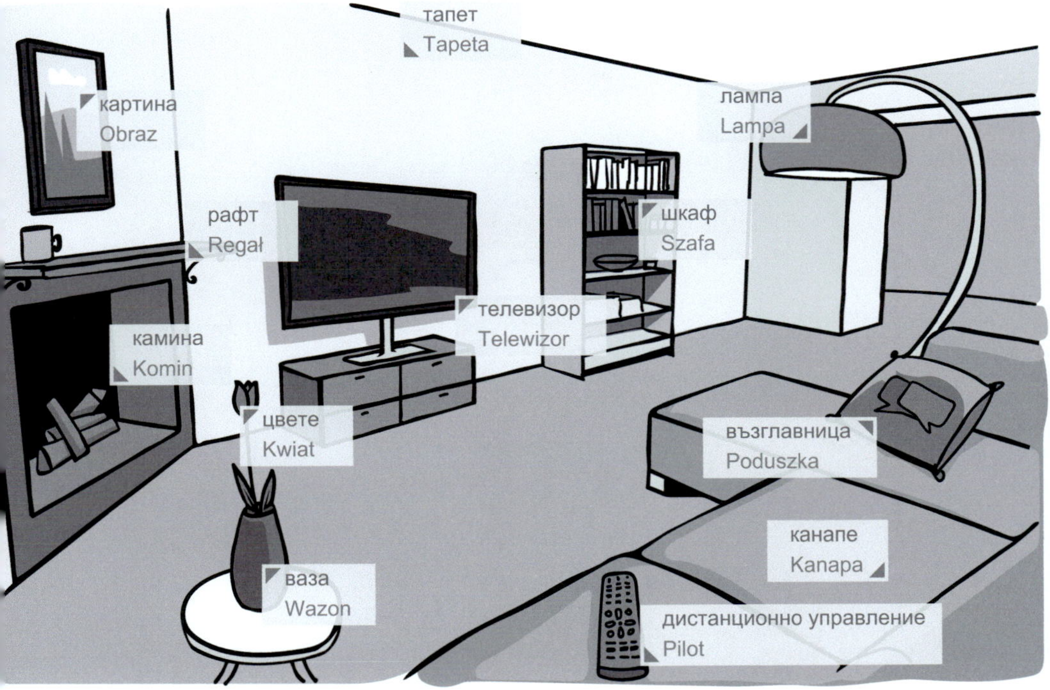

тапет
Tapeta
картина
Obraz
лампа
Lampa
рафт
Regał
шкаф
Szafa
телевизор
Telewizor
камина
Komin
цвете
Kwiat
възглавница
Poduszka
канапе
Kanapa
ваза
Wazon
дистанционно управление
Pilot

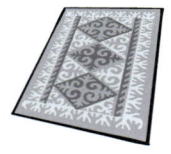

килим

Dywan

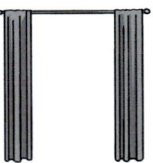

завеса

Zasłona

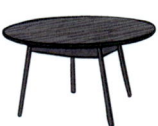

маса

Stół

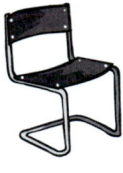

стол

Krzesło

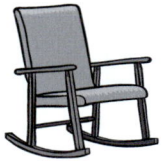

люлеещ се стол

Bujak

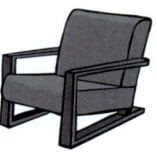

кресло

Fotel

книга

Książka

одеяло

Sufit

декорация

Dekoracja

дърва за отопление

Drewno kominkowe

филм

Film

стерео уредба

Instalacja stereo

ключ

Klucz

вестник

Gazeta

живопис

Malunek

постер

Plakat

радио

Radio

бележник

Notatnik

прахосмукачка

Odkurzacz

кактус

Kaktus

свещ

Świeczka

кухня
Kuchnia

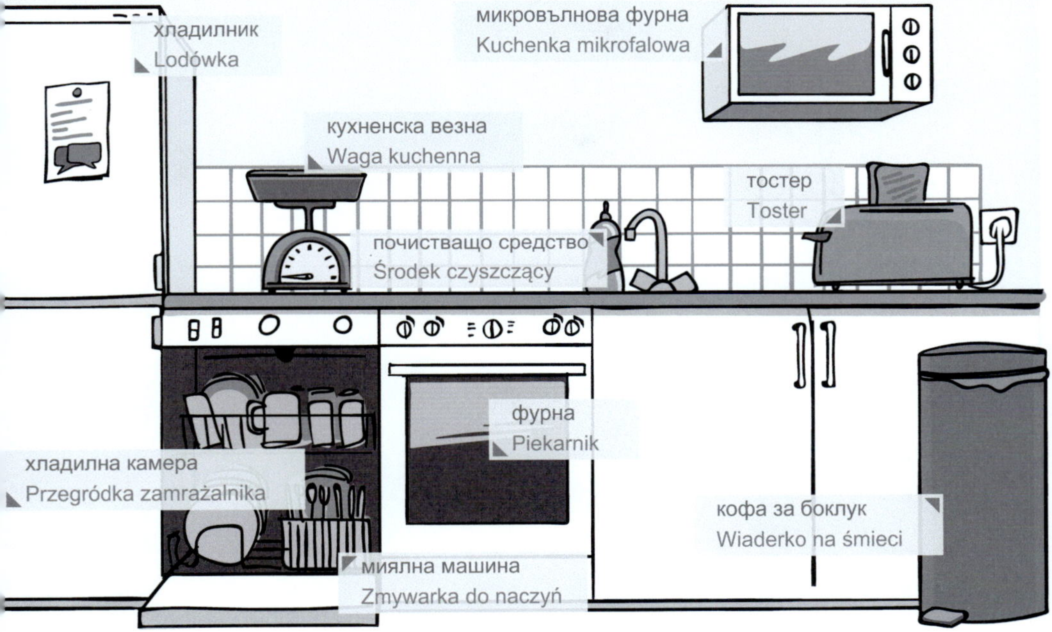

хладилник
Lodówka
микровълнова фурна
Kuchenka mikrofalowa
кухненска везна
Waga kuchenna
тостер
Toster
почистващо средство
Środek czyszczący
фурна
Piekarnik
хладилна камера
Przegródka zamrażalnika
кофа за боклук
Wiaderko na śmieci
миялна машина
Zmywarka do naczyń

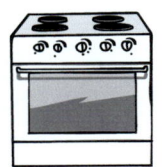

готварска печка

Kuchenka

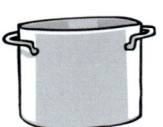

тенджера

Garnek

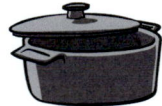

желязна тенджера

Kocioł żeliwny

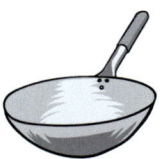

уок / кадаи

Wok / Kadai

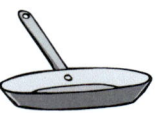

тиган

Patelnia

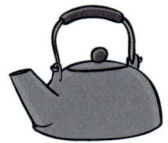

кана за затопляне на вода

Czajnik

уред за готвене на пара

Parowar

тава за печене

Blacha do pieczenia

съдове

Naczynia kuchenne

чаша

Kubek

купа

Miska

клечки за хранене

Pałeczki

черпак

Nabierka

лопатка за тиган

Łopatka do smażenia

тел за разбиване (на яйца, белтъци)

Trzepaczka do śmietany

кошница за варене

Cedzak

гевгир

Sitko

ренде

Tarka

хаван

Moździerz

барбекю

Grillowanie

огнище

Palenisko

дъска

Deska

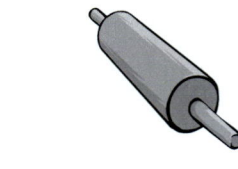

точилка

Wałek do ciasta

тирбушон

Korkociąg

кутия

Puszka

отварачка за консерви

Otwieracz do puszek

кухненска ръкохватка

Ściereczka do trzymania garnka

мивка

Umywalka

четка

Szczotka

гъба

Gąbka

миксер

Mikser

фризер

Zamrażarka

бебешко шише

Butelka dla niemowlęcia

воден кран

Kran

баня

Łazienka

отопление
Ogrzewanie
хавлиена кърпа
Ręcznik
душ
Prysznic
завеса за баня
Kotara prysznicowa
шампоан за вана
Płyn do kąpieli
вана
Wanna kąpielowa
стъклена чаша
Szklanka
перална машина
Pralka
воден кран
Kran
плочки
Kafelki
гърне
Nocnik
мивка
Umywalka

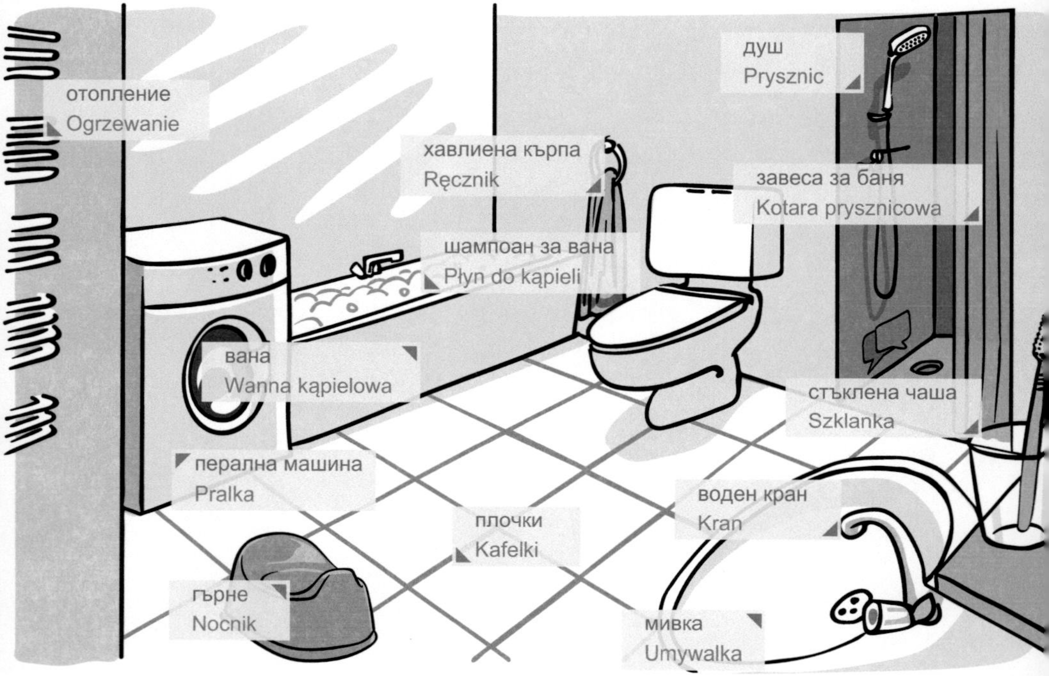

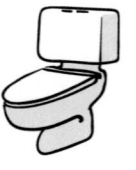

тоалетна

Toaleta

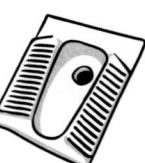

клекало

Toaleta kuczna

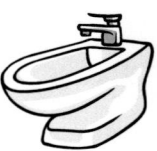

биде

Bidet

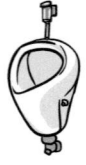

писоар

Pisuar

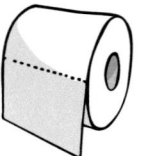

тоалетна хартия

Papier toaletowy

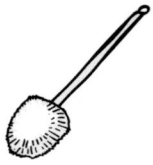

четка за тоалетна

Szczotka toaletowa

четка за зъби

Szczoteczka do zębów

паста за зъби

Pasta do zębów

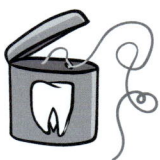

конец за зъби

Nitki do czyszczenia zębów

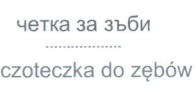

мия

myć

ръчен душ

Głowica prysznicowa

интимен душ

Płyn kąpielowy do higieny intymnej

леген

Miska do mycia

четка за гръб

Szczotka kąpielowa

сапун

Mydło

душ гел

Żel prysznicowy

шампоан за вана

Szampon

гъба за баня

Rękawica kąpielowa

сифон

Odpływ

крем

Krem

дезодорант

Dezodorant

огледало

Lustro

козметично огледало

Lustro kosmetyczne

ръчна самобръсначка

Golarka

пяна за бръснене

Pianka do golenia

одеколон за след бръснене

Woda po goleniu

гребен

Grzebień

четка

Szczotka

сешоар

Suszarka do włosów

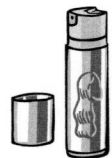

спрей за коса

Spray do włosów

грим

Makijaż

червило

Pomadka

лак за нокти

Lakier do paznokci

памук

Wata

ножица за нокти

Nożyczki do paznokci

парфюм

Perfum

толетна чантичка

Kosmetyczka

табуретка

Taboret

везна

Waga

хавлия

Szlafrok kąpielowy

домакински ръкавици

Rękawice gumowe

тампон

Tampon

дамски превръзки

Podpaska damska

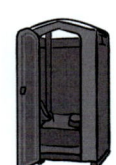

химическа тоалетна

Toaleta chemiczna

детска стая
Pokój dziecięcy

будилник
Budzik
плюшена играчка
Pluszowa przytulanka
автомобил играчка
Samochodzik
дрънкалка
Grzechotka
къща за кукли
Domek dla lalek
подарък
Prezent

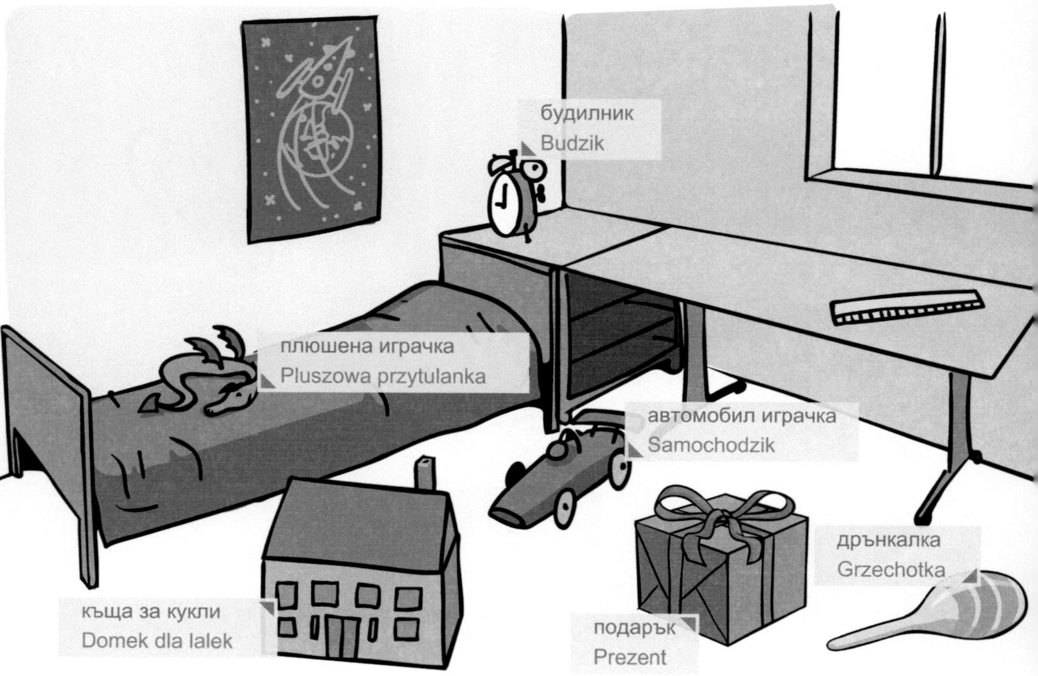

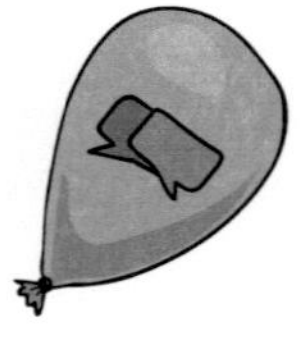

балон

Balon

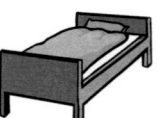

легло

Łóżko

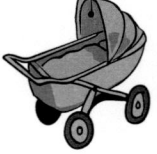

детска количка

Wózek dziecięcy

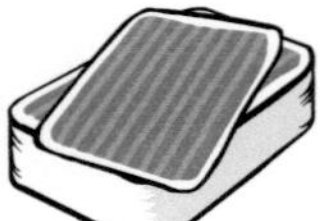

игра на карти

Gra w karty

пъзел

Puzzle

SUPER
MEGA

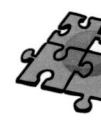

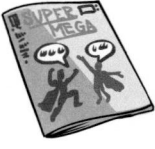

комикс

Komiks

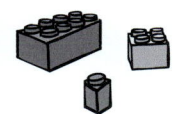

лего елементи

Klocki lego

строителни елементи

Klocki

екшън фигурка

Action figura

бебешки гащеризон

Śpioszek dziecięcy

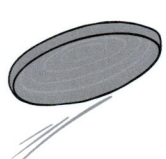

фрисби

Frisbee

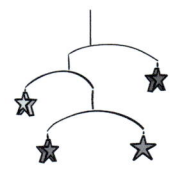

бебешки играчки за легло

Zabawki ruchome

настолна игра

Gra planszowa

зарче

Kości

миниатюрно влакче

Kolejka elektryczna

биберон

Smoczek

парти

Przyjęcie

детска книга с илюстрации

Książka z ilustracjami

топка

Piłka

кукла

Lalka

играя

bawić się

пясъчник

Piaskownica

люлка

Huśtawka

играчка

Zabawki

игрова конзола

Konsola do gier

велосипед с три колелета

Rowerek trójkołowy

плюшено мече

Pluszowy miś

гардероб

Szafa ubraniowa

облекло

Ubiór

къси чорапи

Skarpety

дълги чорапи

Pończochy

чорапогащник

Rajstopy

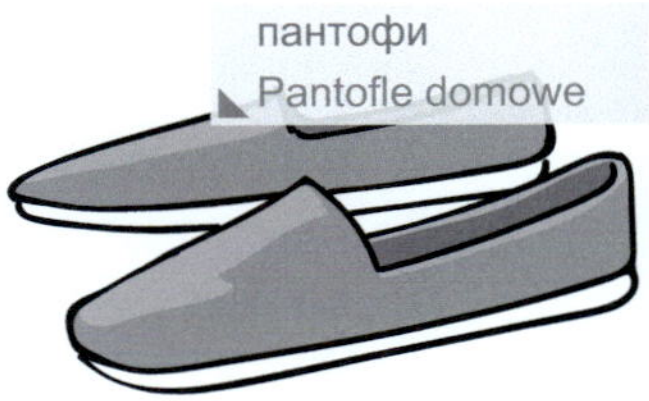

шал
Szal

чадър
Parasol

Т-шърт
T-Shirt

колан
Pasek

ботуши
Kozaki

пантофи
Pantofle domowe

гуменки
Obuwie sportowe

сандали

Sandały

обувки

Buty

гумени ботуши

Kalosze

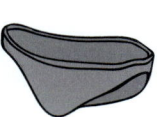

слип

Majtki

сутиен

Biustonosz

долна блуза

Podkoszulek

боди

Body

панталон

Spodnie

дънки

Dżins

пола

Spódnica

блуза

Bluzka

риза

Koszula

пуловер

Pulower

суичър

Bluza sportowa

блейзър

Marynarka

яке

Kurtka

палто

Płaszcz

дъждобран

Płaszcz przeciwdeszczowy

костюм

Kostium

рокля

Sukienka

булчинска рокля

Suknia ślubna

костюм

Garnitur męski

нощница

Koszula nocna

пижама

Piżama

сари

Sari

кърпа за глава

Chusta na głowę

тюрбан

Turban

бурка

Burka

кафтан

Kaftan

абая

Abaya

бански костюм

Strój kąpielowy

плувни шорти

Kąpielówki

къс панталон

Krótkie spodnie

анцуг

Dres sportowy

престилка

Fartuch

ръкавици

Rękawiczki

копче

Guzik

очила

Okulary

гривна

Bransoletka

верижка

Łańcuszek

пръстен

Pierścionek

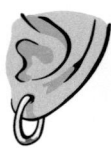

обеца

Kolczyk

каскет

Czapka

закачалка

Wieszak

шапка

Kapelusz

вратовръзка

Krawat

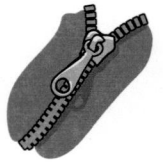

цип

Zamek błyskawiczny

каска

Kask

тиранти

Szelki

ученическа униформа

Mundurek szkolny

униформа

Mundur

лигавник

Śliniaczek

биберон

Smoczek

пелена

Pieluszka

офис
Biuro

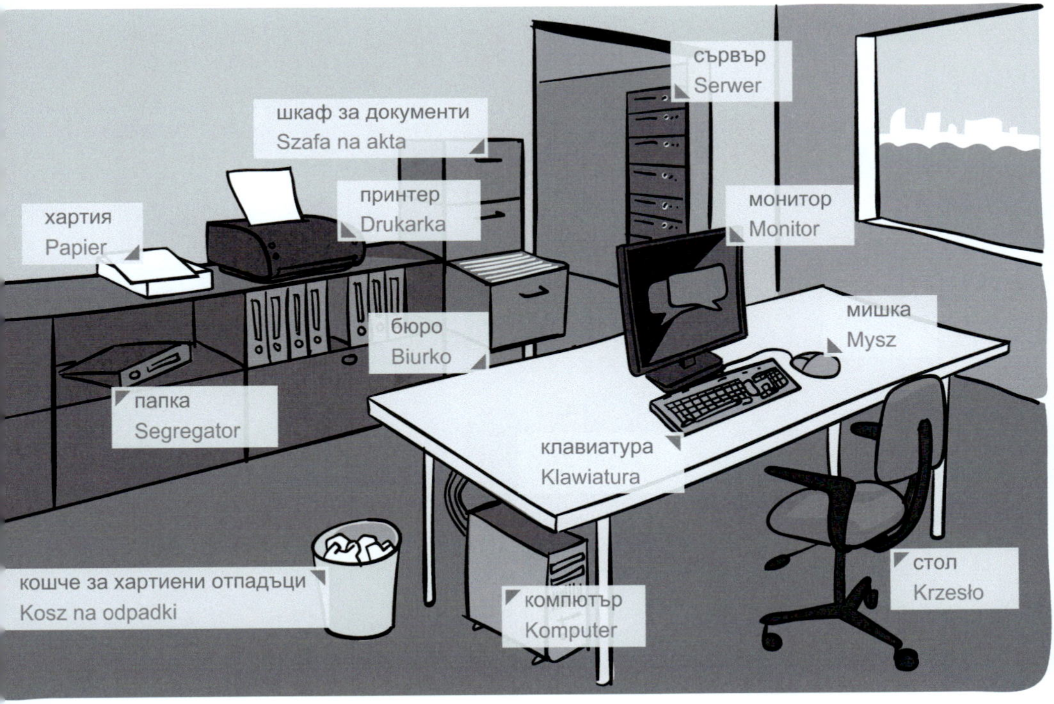

сървър
Serwer

шкаф за документи
Szafa na akta

принтер
Drukarka

монитор
Monitor

хартия
Papier

мишка
Mysz

бюро
Biurko

папка
Segregator

клавиатура
Klawiatura

кошче за хартиени отпадъци
Kosz na odpadki

компютър
Komputer

стол
Krzesło

чаша за кафе

Filiżanka do kawy

джобен калкулатор

Kalkulator

интернет

Internet

лаптоп

Laptop

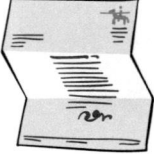

писмо

List

съобщение

Wiadomość

мобилен телефон

Komórka

мрежа

Sieć

ксерокс

Kopiarka

софтуер

Oprogramowanie

телефон

Telefon

контакт

Gniazdko

факс

Faks

формуляр

Formularz

документ

Dokument

купувам

kupić

плащам

płacić

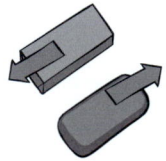

търгувам

postępować

пари

Pieniądze

долар

Dolar

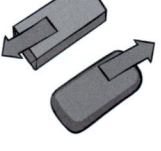 

евро

Euro

йена

Jen

рубла

Rubel

швейцарски франк

Frank

ренминби юан

Juan Renminbi

рупия

Rupia

банкомат

Bankomat

обменно бюро
Kantor wymiany walut

злато
Złoto

сребро
Srebro

нефт
Olej

енергия
Energia

цена
Cena

договор
Umowa

данък
Podatek

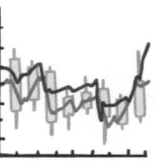

акция
Akcja

работя
pracować

служител
Pracownik umysłowy

работодател
Pracodawca

фабрика
Fabryka

магазин за цветя
Sklep

професии

Zawody

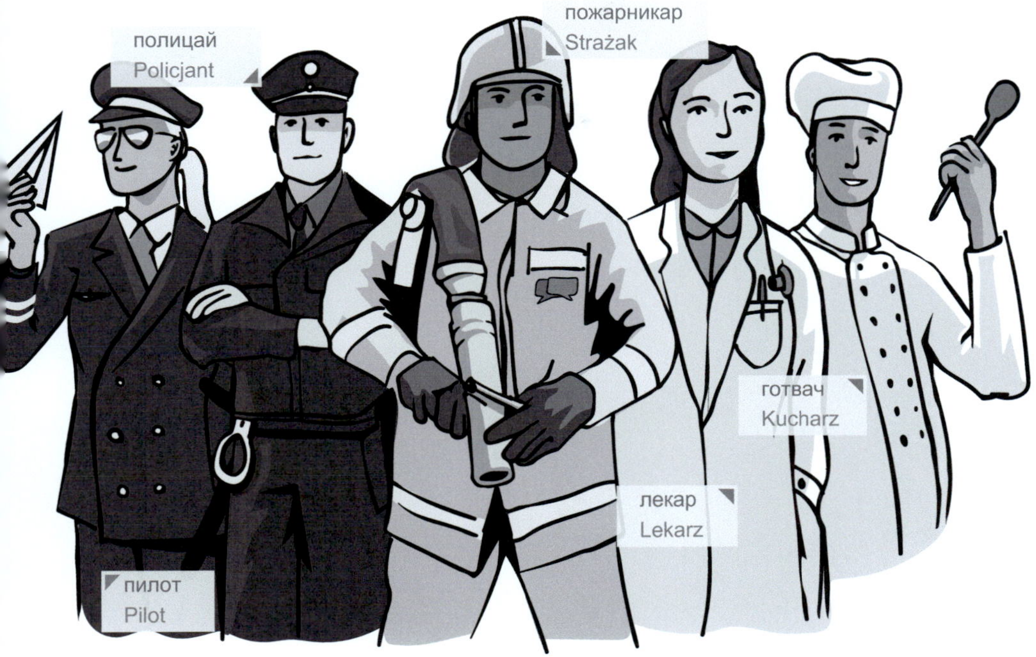
полицай
Policjant
пожарникар
Strażak
готвач
Kucharz
лекар
Lekarz
пилот
Pilot

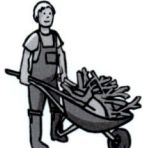

градинар

Ogrodnik

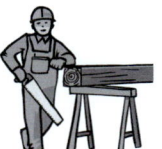

мебелист

Stolarz

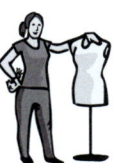

шивачка

Krawcowa

съдия

Sędzia

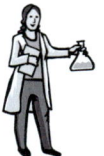

химик

Chemik

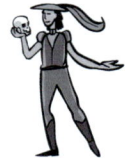

артист

Aktor

шофьор на автобус

Kierowca autobusu

шофьор на такси

Taksówkarz

рибар

Fischer

чистачка

Sprzątaczka

майстор на покриви

Dekarz

келнер

Kelner

ловец

Myśliwy

художник

Malarz

хлебар

Piekarz

електротехник

Elektryk

строителен работник

Robotnik budowlany

инженер

Inżynier

касапин

Rzeźnik

тенекеджия

Instalator

пощальон

Listonosz

войник

Żołnierz

архитект

Architekt

касиер

Kasjer

цветар

Florysta

фризьор

Fryzjer

кондуктор

Konduktor

механик

Mechanik

капитан

Kapitan

зъболекар

Dentysta

научен работник

Naukowiec

равин

Rabin

имàм

Imam

монах

Mnich

свещеник

Proboszcz

инструменти
Narzędzia

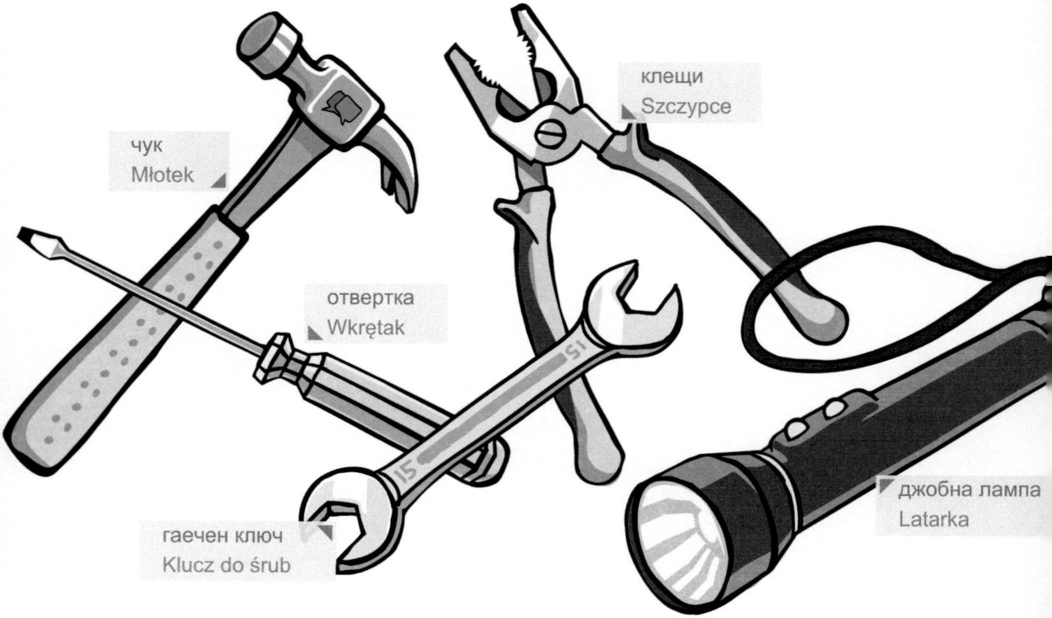
клещи
Szczypce
чук
Młotek
отвертка
Wkrętak
гаечен ключ
Klucz do śrub
джобна лампа
Latarka

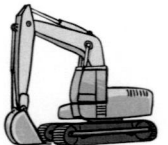

багер

Koparka

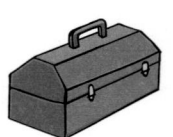

кутия за инструменти

Skrzynka narzędziowa

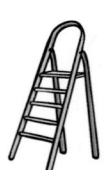

стълба

Drabina

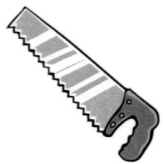

трион

Piła

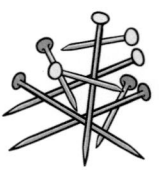

пирони

Gwoździe

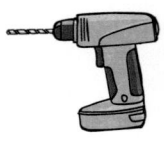

бормашина

Wiertło

ремонтирам

naprawić

лопата

Łopatka

По дяволите!

Cholera!

лопатка за смет

Szufelka

кутия за боя

Puszka z farbą

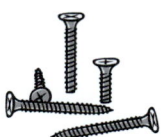

болтове

Śruby

музикални инструменти
Instrumenty muzyczne

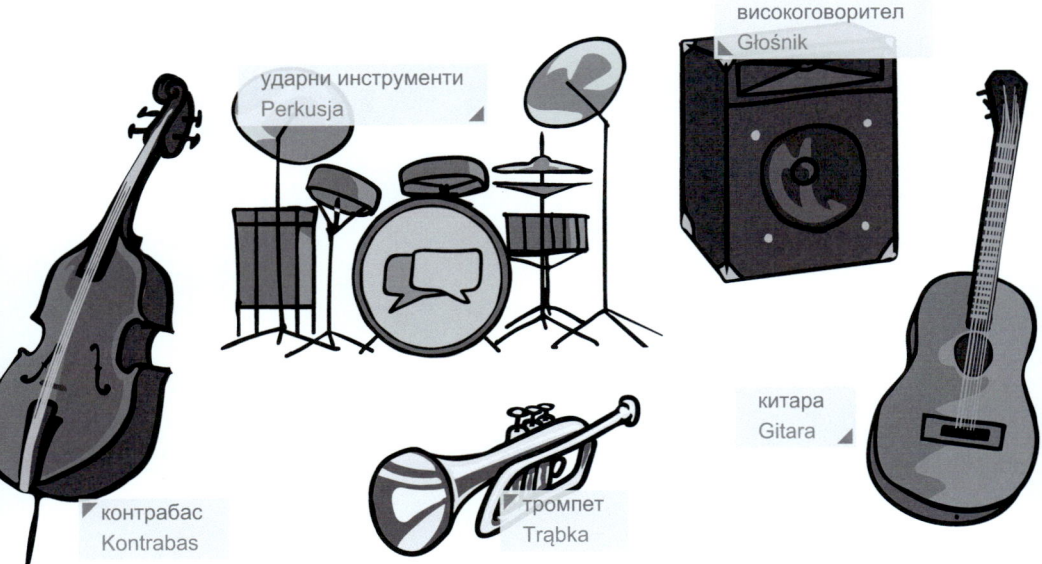

ударни инструменти
Perkusja

високоговорител
Głośnik

китара
Gitara

контрабас
Kontrabas

тромпет
Trąbka

пиано

Pianino

виолина

Skrzypce

контрабас

Bas

тимпан

Kotły

барабан

Bęben

електрическо пиано

Keyboard

саксофон

Saksofon

флейта

Flet

микрофон

Mikrofon

зоологическа градина

Zoo

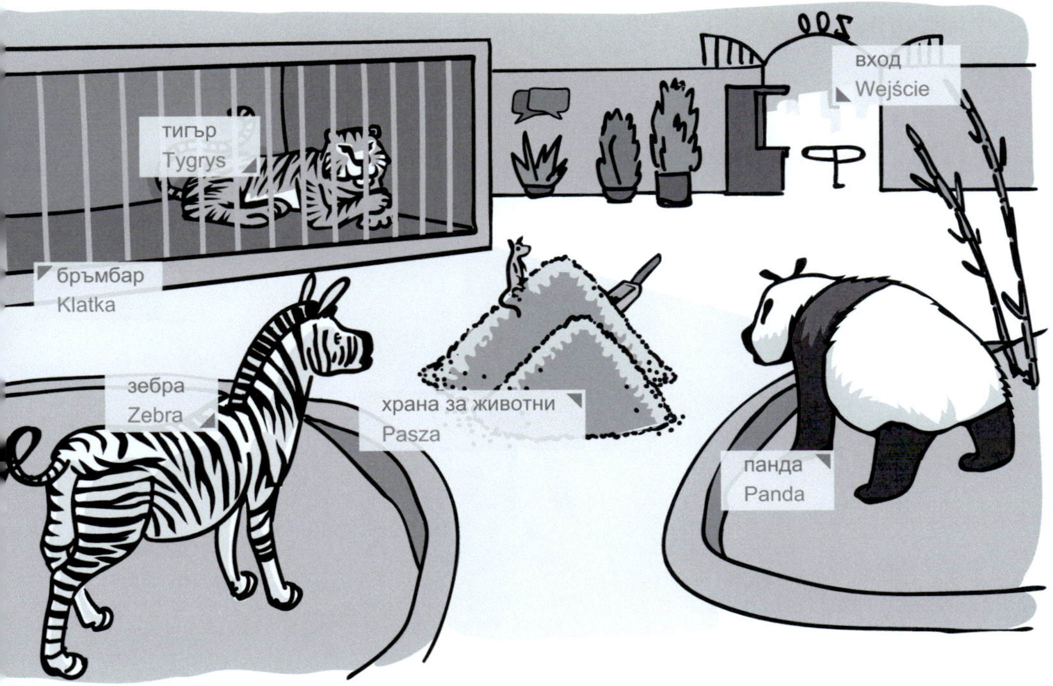

zoo
вход
Wejście
тигър
Tygrys
бръмбар
Klatka
зебра
Zebra
храна за животни
Pasza
панда
Panda

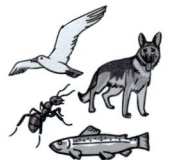

животни

Zwierzęta

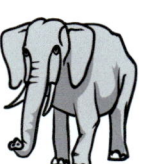

слон

Słoń

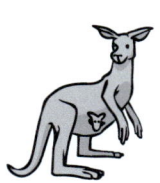

кенгуру

Kangur

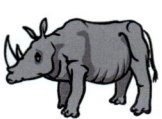

носорог

Nosorożec

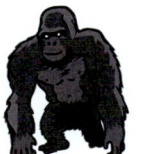

горила

Goryl

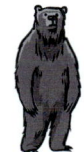

мечка

Niedźwiedź

камила

Wielbłąd

щраус

Struś

лъв

Lew

маймуна

Małpa

фламинго

Fleming

папагал

Papuga

бяла мечка

Niedźwiedź polarny

пингвин

Pingwin

акула

Rekin

паун

Paw

змия

Wąż

крокодил

Krokodyl

пазач в зоологическа
градина

Dozorca w zoo

тюлен

Foka

ягуар

Jaguar

пони

Kucyk

леопард

Gepard

хипопотам

Hipopotam

жираф

Żyrafa

орел

Orzeł

диво прасе

Dzik

риба

Ryba

костенурка

Żółw

морж

Mors

лисица

Lis

газела

Gazela

американски футбол
Futbol amerykański

колоездене
Kolarstwo

тенис
Tenis

баскетбол
Koszykówka

плуване
Pływanie

бокс
Boks

хокей на лед
Hokej na lodzie

футбол

Piłka nożna

бадминтон

Badminton

лека атлетика

Lekka atletyka

хандбал

Piłka ręczna

ски бягане

Narciarstwo

поло

Polo

скачам
skakać

прегръщам
objąć

смея се
śmiać się

вървя
iść

пея
śpiewać

моля се
modlić się

целувам
całować

сънувам
marzyć

пиша

pisać

рисувам

rysować

показвам

pokazywać

бутам

nacisnąć

давам

dać

взимам

wziąć

имам

mieć

правя

robić

съм

być

стоя

stać

тичам

biegać

дърпам

ciągnąć

хвърлям

rzucać

падам

spaść

лежа

leżeć

чакам

czekać

нося

nosić

седя

siedzieć

обличам

zakładać

спя

spać

събуждам се

budzić się

разглеждам

spojrzeć

плача

płakać

милвам

głaskać

реша се

czesać się

говоря

mówić

разбирам

rozumieć

питам

pytać

слушам

słyszeć

пия

pić

ям

jeść

разтребвам

sprzątać

обичам

kochać

готвя

gotować

карам автомобил

jechać

летя

latać

плавам (с платна)

żeglować

смятане

liczyć

чета

czytać

уча

uczyć się

работя

pracować

женя се

wejść w związek małżeński

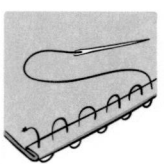

шия

szyć

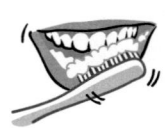

измивам си зъбите

myć zęby

убивам

zabić

пуша

palić tytoń

изпращам

wysłać

баба
Babcia

дядо
Dziadek

баща
Ojciec

майка
Matka

бебе
Niemowlę

дъщеря
Córka

син
Syn

посетител
....
Gość

леля
....
Ciotka

чичо
....
Wujek

брат
....
Brat

сестра
....
Siostra

тяло

Ciało

чело
Czoło
око
Oko
рамо
Ramię
пръст
Palec
лице
Twarz
брадичка
Broda
ръка
Ręka
гърди
Pierś
крак
Noga
ръка
Ramię

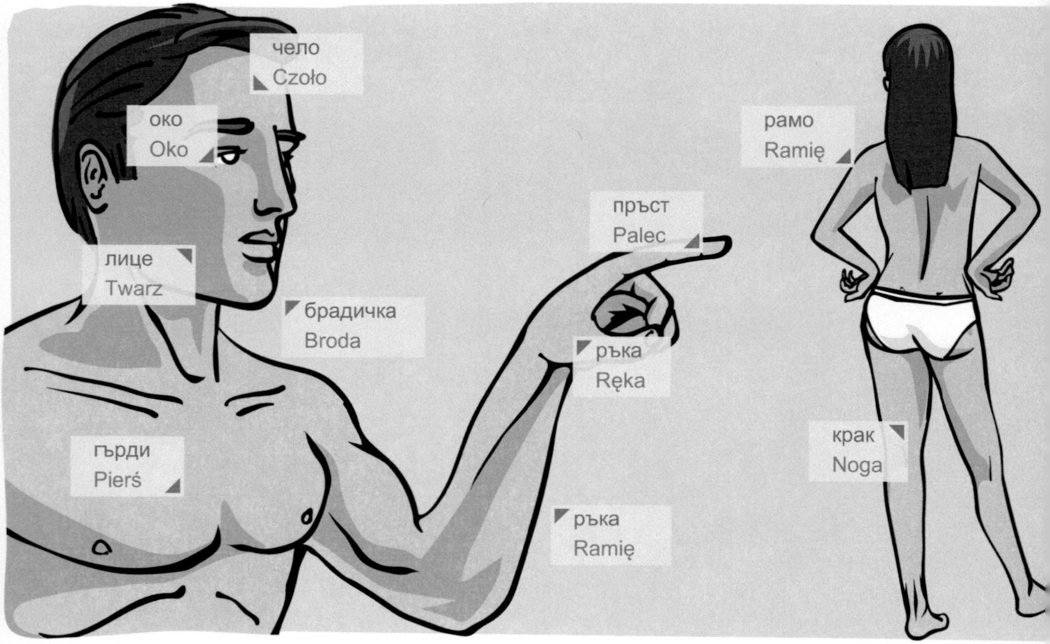

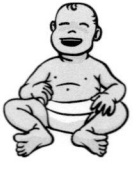

бебе

Niemowlę

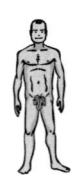

мъж

Mężczyzna

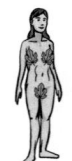

жена

Kobieta

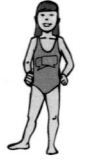

момиче

Dziewczyna

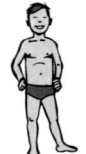

момче

Chłopiec

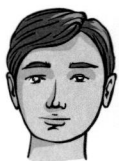

глава

Głowa

гръб

Plecy

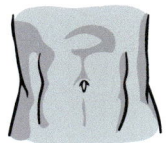

корем

Brzuch

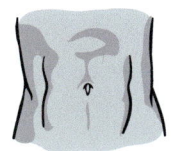

пъп

Pępek

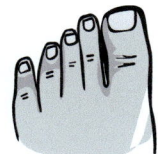

пръст на крака

palec nogi

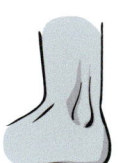

пета

Pięta

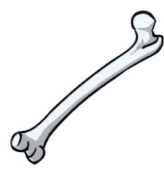

кост

Kość

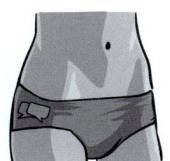

хълбок

Biodro

коляно

Kolano

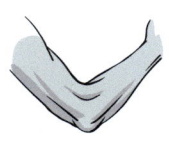

лакът

Łokieć

нос

Nos

седалище

Pośladki

кожа

Skóra

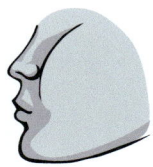

буза

Policzek

ухо

Uszy

устна

Warga

тяло - Ciało

уста

Usta

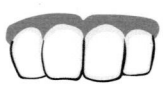

зъб

Ząb

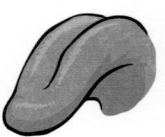

език

Język

мозък

Mózg

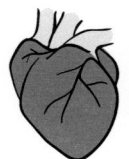

сърце

Serce

мускул

Mięsień

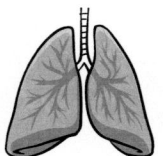

бял дроб

Płuca

черен дроб

Wątroba

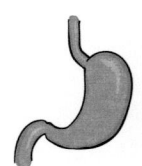

стомах

Żołądek

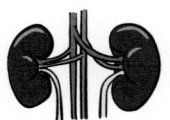

бъбреци

Nerki

полово сношение

Stosunek płciowy

кондом

Kondom

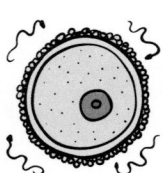

яйцеклетка

Komórka jajowa

сперма

Sperma

бременност

Ciąża

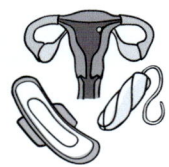

менструация

Menstruacja

вагина

Wagina

пенис

Penis

вежда

Brew

коса

Włosy

шия

Szyja

болница
Szpital

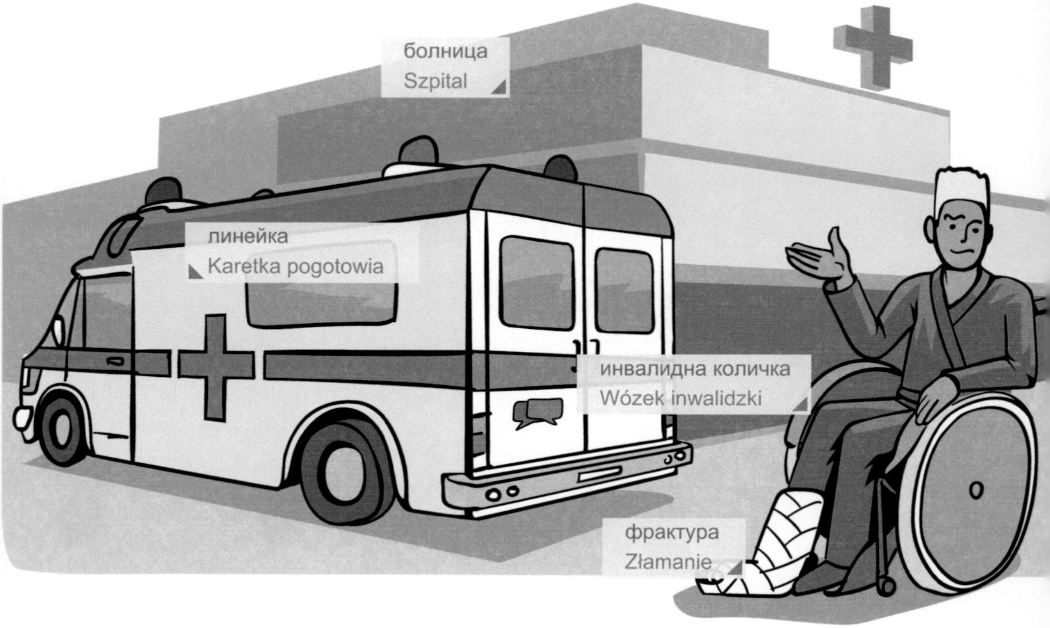

болница
Szpital
линейка
Karetka pogotowia
инвалидна количка
Wózek inwalidzki
фрактура
Złamanie

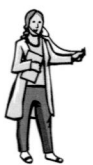

лекар

Lekarz

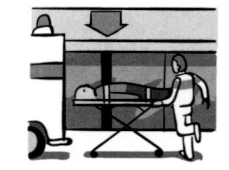

спешна хоспитализация

Izba przyjęć

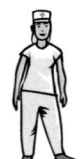

медицинска сестра

Pielęgniarka

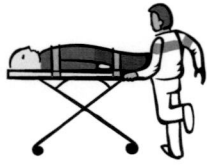

спешен случай

Nagły przypadek

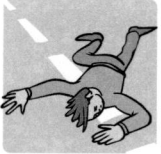

в безсъзнание

nieprzytomny

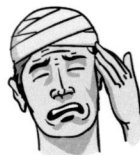

болка

Ból

нараняване

Skaleczenie

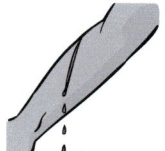

кървене

Krwawienie

инфаркт

Zawał serca

инсулт

Udar mózgu

алергия

Alergia

кашлица

Kaszleć

температура

Gorączka

грип

Grypa

диария

Biegunka

главоболие

Ból głowy

рак

Rak

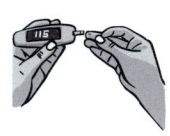

диабет

Cukrzyca

хирург

Chirurg

скалпел

Skalpel

операция

Operacja

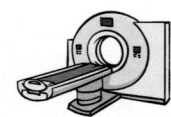 

компютърна томография
CT

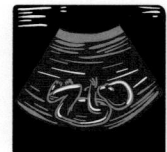

рентген
Rentgen

ултразвук
Ultradźwięki

маска
Maska

болест
Choroba

чакалня
Poczekalnia

патерица
Kula

пластир
Plaster

превръзка
Opatrunek

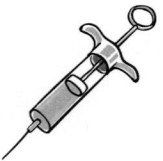

инжекция
Iniekcja

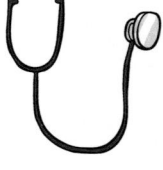

стетоскоп
Stetoskop

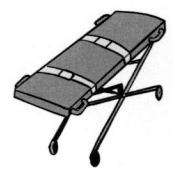

носилка
Nosze

термометър
Termometr

раждане
Poród

наднормено тегло
Nadwaga

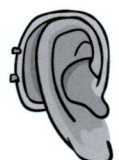

слухов апарат

Aparat słuchowy

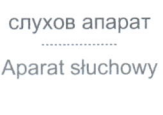

дезинфекционно средство

Środek dezynfekcyjny

инфекция

Infekcja

вирус

Wirus

HIV / AIDS

HIV / AIDS

медицина

Medycyna

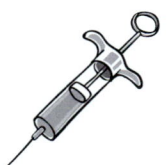

ваксинация

Szczepienie

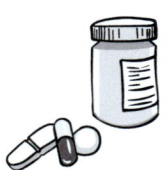

таблети

Tabletki

противозачатъчна
таблетка
Pigułka

спешно телефонно
обаждане
Telefon ratunkowy

апарат за измерване на
кръвното налягане

Ciśnieniomierz krwi

болен / здрав

chory / zdrowy

спешен случай
....
Помощ!

Pomocy!

сигнал за тревога
....
Alarm

нападение
....
Napad

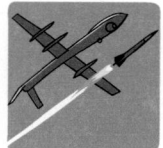

атака
....
Atak

опасност
....
Niebezpieczeństwo

аварien изход
....
Wyjście awaryjne

Пожар!
....
Pożar!

пожарогасител
....
Gaśnica

злополука
....
Wypadek

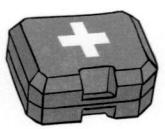

комплект за оказване на
първа помощ
....
Walizeczka pierwszej
pomocy

SOS
....
SOS

полиция
....
Policja

Европа

Europa

Северна Америка

Ameryka Północna

Южна Америка

Ameryka Południowa

Африка

Afryka

Азия

Azja

Австралия

Australia

Атлантически океан

Atlantyk

Тихи океан

Pacyfik

Индийски океан

Ocean Indyjski

Южен ледовит океан

Ocean Antarktyczny

Северен ледовит океан

Ocean Arktyczny

Северен полюс

Biegun północny

Южен полюс

Biegun południowy

Антарктида

Antarktyda

Земя

Ziemia

суша

Kraj

море

Morze

остров

Wyspa

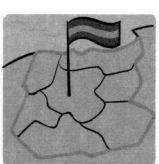

нация

Naród

държава

Państwo

циферблат

Cyferblat

стрелка на часовете

Wskazówka godzinowa

стрелка на минутите

Wskazówka minutowa

стрелка на секундите

Wskazówka sekundowa

Колко е часът?

Która godzina?

ден

Dzień

време

Czas

сега

teraz

дигитален часовник

Zegarek digitalny

минута

Minuta

час

Godzina

понеделник
Poniedziałek

сряда
Środa

петък
Piątek

вторник
Wtorek

четвъртък
Czwartek

събота
Sobota

неделя
Niedziela

вчера

wczoraj

днес

dzisiaj

утре

jutro

сутрин

Rano

обед

Południe

вечер

Wieczór

работни дни

Dni robocze

уикенд

Weekend

година
Rok

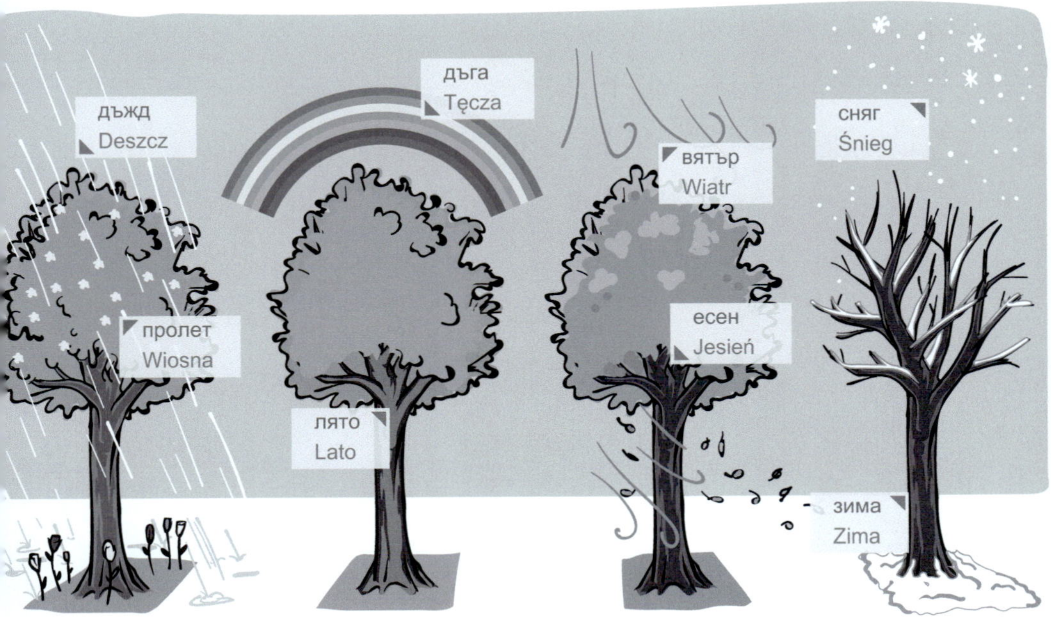
дъжд
Deszcz
дъга
Tęcza
сняг
Śnieg
вятър
Wiatr
пролет
Wiosna
есен
Jesień
лято
Lato
зима
Zima

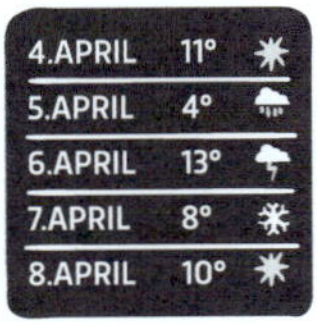
4.APRIL 11°
5.APRIL 4°
6.APRIL 13°
7.APRIL 8°
8.APRIL 10°

прогноза за времето

Prognoza pogody

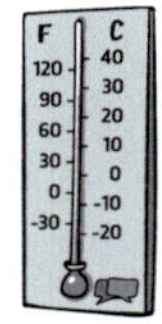
F C
120 40
90 30
60 20
30 10
0 0
-30 -10
-20

термометър

Termometr

слънчева светлина

Światło słoneczne

облак

Chmura

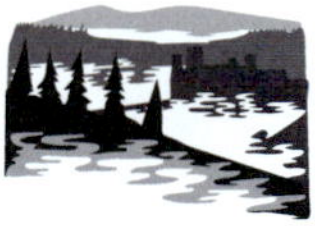

мъгла

Mgła

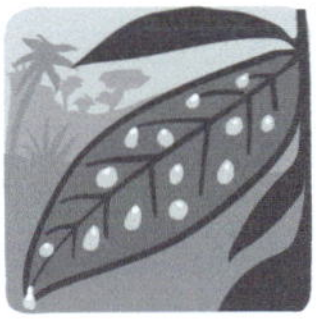

влажност на въздуха

Wilgotność powietrza

светкавица

Błyskawica

гръмотевица

Grzmot

буря

Sztorm

градушка

Grad

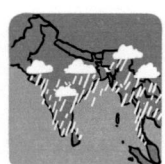

мусон

Monsun

наводнение

Potop

лед

Lód

януари

Styczeń

февруари

Luty

март

Marzec

април

Kwiecień

май

Maj

юни

Czerwiec

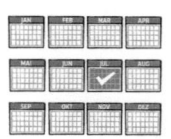

юли

Lipiec

август

Sierpień

година - Rok

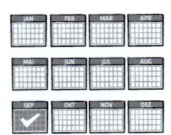

септември

Wrzesień

октомври

Październik

ноември

Listopad

декември

Grudzień

форми

Kształty

кръг

Koło

квадрат

Kwadrat

четириъгълник

Prostokąt

триъгълник

Trójkąt

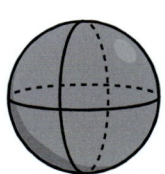

сфера

Kula

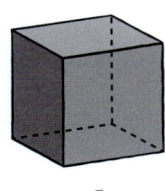

куб

Sześcian

бял

biały

жълт

żółty

оранжев

pomarańczowy

розов

różowy

червен

czerwony

лилав

liliowy

син

niebieski

зелен

zielony

кафяв

brązowy

сив

szary

черен

czarny

много / малко

dużo / mało

ядосан / спокоен

wściekły / spokojny

красив / грозен

piękny / brzydki

начало / край

początek / koniec

голям / малък

duży / mały

светъл / тъмен

jasny / ciemny

брат / сестра

brat / siostra

чист / мръсен

czysty / brudny

пълен / непълен

kompletny / niekompletny

ден / нощ

dzień / noc

мъртъв / жив

umarły / żywy

широк / тесен

szeroki / wąski

ядлив / неядлив

jadalny / niejadalny

сърдит / любезен

zły / uprzejmy

развълнуван / скучаещ

podniecony / znudzony

дебел / тънък

gruby / chudy

най-напред / най-накрая

najpierw / na końcu

приятел / враг

przyjaciel / wróg

пълен / празен

pełen / pusty

твърд / мек

twardy / miękki

тежък / лек

ciężki / lekki

глад / жажда

głód / pragnienie

болен / здрав

chory / zdrowy

нелегален / легален

nielegalny / legalny

интелигентен / глупав

inteligentny / głupi

ляво / дясно

lewo / prawo

близо / далече

bliski / daleki

нов / употребяван

nowy / używany

нищо / нещо

nic / coś

стар / млад

stary / młody

вкл. / изкл.

włącz / wyłącz

отворен / затворен

otwarty / zamknięty

тих / силен (звук)

cichy / głośny

богат / беден

bogaty / biedny

правилен / погрешен

prawidłowy / błędny

грапав / гладък

chropowaty / gładki

тъжен / щастлив

smutny / szczęśliwy

дълъг / къс

krótki / długi

бавен / бърз

powolny / szybki

мокър / сух

mokry/suchy

топъл / студен

ciepły / chłodny

война / мир

wojna / pokój

0

нула

zero

1

едно

jeden

2

две

dwa

3

три

trzy

4

четири

cztery

5

пет

pięć

6

шест

sześć

7

седем

siedem

8

осем

osiem

9

девет

dziewięć

10

десет

dziesięć

11

единадесет

jedenaście

12
дванадесет

dwanaście

13
тринадесет

trzynaście

14
четиринадесет

czternaście

15
петнадесет

piętnaście

16
шестнадесет

szesnaście

17
седемнадесет

siedemnaście

18
осемнадесет

osiemnaście

19
деветнадесет

dziewiętnaście

20
двадесет

dwadzieścia

100
сто

sto

1.000
хиляда

tysiąc

1.000.000
милион

milion

английски

Angielski

американски английски

Angielski amerykański

китайски мандарин

Chiński mandaryński

хинди

Hindi

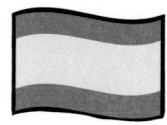

испански

Hiszpański

френски

Francuski

арабски

Arabski

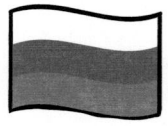

руски

Rosyjski

португалски

Portugalski

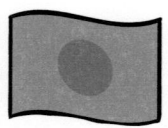

бенгалски

Bengalski

немски

Niemiecki

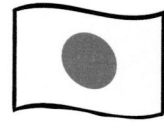

японски

Japoński

аз

ja

ти

ty

той / тя / то

on / ona / ono

ние

my

вие

wy

те

oni

кой?

kto?

какво?

co?

как?

jak?

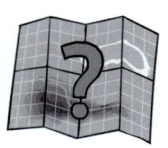

къде?

gdzie?

кога?

kiedy?

име

Nazwisko

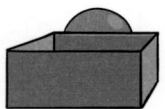

зад

za

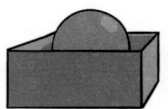

в

w

пред

przed

над

powyżej

върху

na

под

pod

до

obok

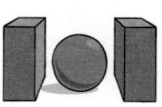

между

między

място

Miejsce